CPS-PEIRCE ES
32489109016409
SP 921 WAS
Booker T Washington : gran

DATE DUE

BIOGRAFÍAS GRÁFICAS

BOOKER T. WASHINGTON

Gran Educador Norteamericano

por Eric Braun
ilustrado por Cynthia Martin

Consultor:
Dr. Kenneth Goings, Profesor y Presidente del Departamento de
Estudios Afroamericanos y Africanos
Ohio State University, Columbus, Ohio

Mankato, Minnesota

Graphic Library is published by Capstone Press,
151 Good Counsel Drive, P.O. Box 669, Mankato, Minnesota 56002.
www.capstonepress.com

Printed in the United States of America

1 2 3 4 5 6 11 10 09 08 07 06

Library of Congress Cataloging-in-Publication Data
Braun, Eric, 1971–
[Booker T. Washington. Spanish]
Booker T. Washington: gran educador norteamericano/por Eric Braun; ilustrado por Cynthia Martin.
p. cm.—(Graphic library. Biografías gráficas)
Includes bibliographical references and index.
ISBN–13: 978–0–7368–6599–9 (hardcover : alk. paper)
ISBN–10: 0–7368–6599–3 (hardcover : alk. paper)
ISBN–13: 978–0–7368–9667–2 (softcover pbk. : alk. paper)
ISBN–10: 0–7368–9667–8 (softcover pbk. : alk. paper)
1. Washington, Booker T., 1856–1915—Juvenile literature. 2. African Americans—Biography—Juvenile literature. 3. Educators—United States—Biography—Juvenile literature. I. Martin, Cynthia, 1961– II. Title. III. Series.
E185.97.W4B7318 2007
370.92—dc22 2006042649

Summary: In graphic novel format, tells the life story of Booker T. Washington and his accomplishments toward promoting the education of African Americans, in Spanish.

Art Direction
Jason Knudson

Editor
Blake A. Hoena

Designer
Jason Knudson

Translation
Mayte Millares and Lexiteria.com

Nota del editor: Los diálogos con fondo amarillo indican citas textuales de fuentes fundamentales. Las citas textuales de dichas fuentes han sido traducidas a partir del inglés.

Direct quotations appear on the following pages:

Pages 15, 18, 19, from *Up from Slavery: An Autobiography* by Booker T. Washington (West Berlin, N.J.: Townsend Press, 2004).

Page 22, from *Booker T. Washington: Great Lives Observed*, edited by Emma Lou Thornbrough (Englewood Cliffs, N.J.: Prentice-Hall, 1969).

Page 24, from *The Promise of the New South: Life after Reconstruction* by Edward L. Ayers (New York: Oxford University Press, 1992).

TABLA DE CONTENIDOS

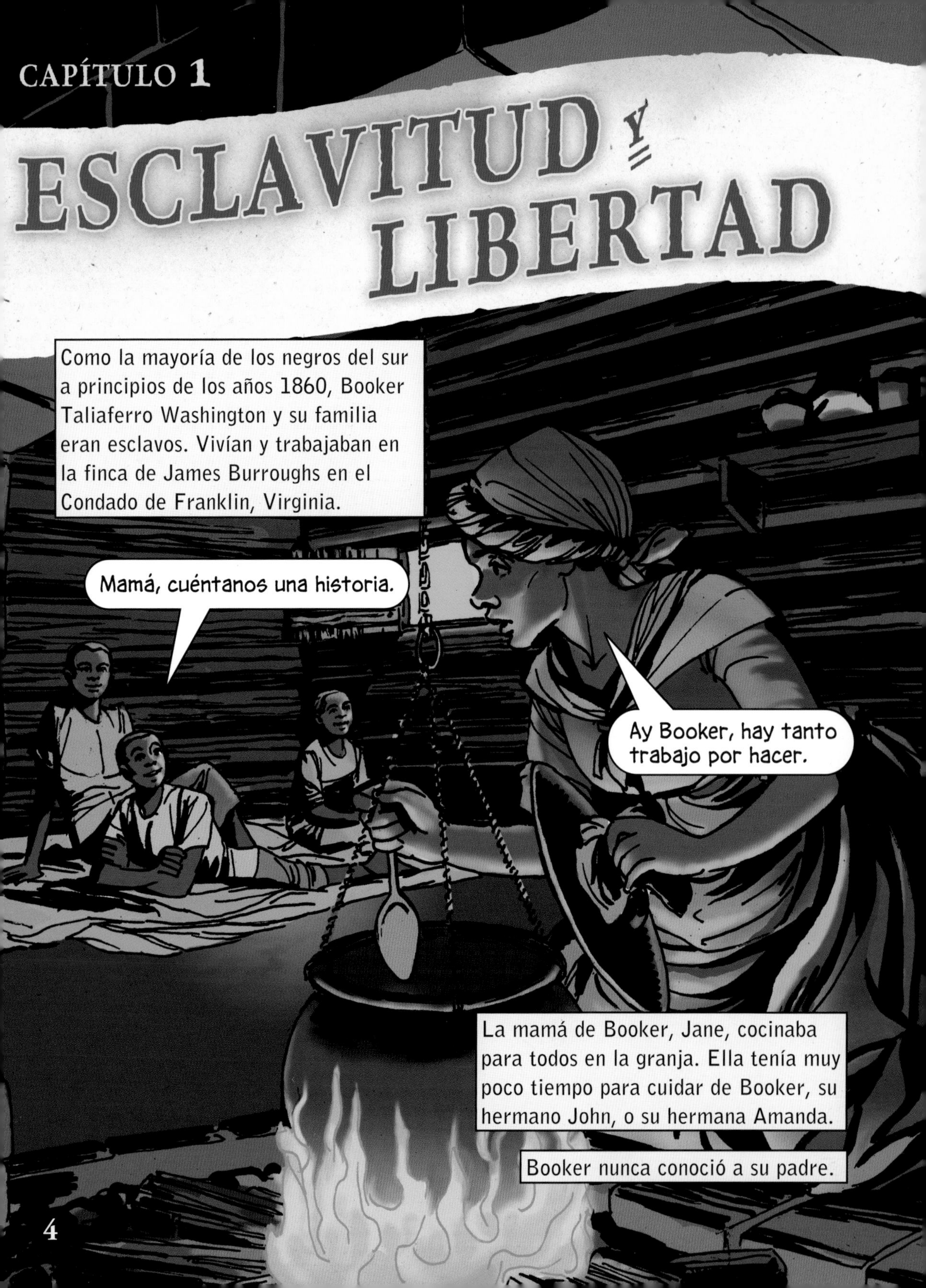
CAPÍTULO 1
ESCLAVITUD Y LIBERTAD
Como la mayoría de los negros del sur a principios de los años 1860, Booker Taliaferro Washington y su familia eran esclavos. Vivían y trabajaban en la finca de James Burroughs en el Condado de Franklin, Virginia.
Mamá, cuéntanos una historia.
Ay Booker, hay tanto trabajo por hacer.
La mamá de Booker, Jane, cocinaba para todos en la granja. Ella tenía muy poco tiempo para cuidar de Booker, su hermano John, o su hermana Amanda.
Booker nunca conoció a su padre.

Los esclavos trabajaban muy duro y no recibían paga. Incluso cuando Booker era niñito tenía que trabajar. Él limpiaba el corral y cargaba los libros de la escuela para las niñas de la granja.
Ya llegamos. Ahora yo los llevo.
Desearía poder ir a la escuela y aprender a leer.
Cuando Booker tenía 8 años, su trabajo era espantar las moscas con un abanico mientras sus amos estaban a la mesa. Cuando la familia Burroughs comía, con frecuencia hablaban sobre la Guerra Civil.
Hoy vi a un soldado en el bosque. Se veía herido.
Debe ser uno de los nuestros. La guerra va mal para el sur.
La esclavitud era un tema que había llevado a la Guerra Civil. En los estados de norte, la esclavitud era ilegal. En los del sur la gente utilizaba a los esclavos para trabajar en las fincas.

En la primavera de 1865, el norte ganó la Guerra Civil. La vida de los esclavos empezó a cambiar.
...y con la aprobación de la Enmienda 13, a todos ustedes se les otorga la libertad.
¡Ay, mis hijos, he soñado y rezado por este día! Tenía miedo de que nunca llegaría.
Después de obtener su libertad, Booker que tenía 9 años de edad, y su familia, se mudaron a Malden, Virginia del Oeste. Jane se había casado con un hombre llamado Washington Ferguson. Él encontró trabajos de minería para Booker y John en Malden.
En su nuevo vecindario, había un ex-esclavo que sabía leer.
...y el presidente dice...
John, ¿por qué están todos reunidos a su alrededor?
Ellos no saben leer. Así que él les lee las noticias.
Booker se dio cuenta de lo importante que era leer. Empezó a ir a la escuela unas cuantas horas al día, antes y después del trabajo.

Mientras tanto, el gobierno de los Estados Unidos estaba trabajando en reparar el sur. Las ciudades, ferrocarriles y granjas habían sido destruidos durante la Guerra Civil. Este periodo es conocido como la Reconstrucción.
El gobierno de EE.UU. también aprobó nuevas leyes que daban a los afroamericanos el derecho a votar y a tener propiedades. Muchos sureños blancos estaba enojados por estas leyes. Encontraron formas de evitar que los afroamericanos hicieran uso de sus derechos.
¡Cuélguenlo!
¡No podrá votar si está muerto!
Un grupo de sureños se hizo llamar el Ku Klux Klan. Utilizaban violencia y amenazas para ahuyentar a la gente.

Muy pronto, el padrastro de Booker lo hizo que dejara la escuela. Su familia necesitaba que él trabajara más horas en la mina.
¿Has oído hablar del Instituto Hampton?
Sí, es ese colegio para gente de color. Te dan un trabajo para que pagues tu educación.
¡Ha de ser el mejor lugar del mundo! Algún día estudiaré allí.
Unos cuantos años más tarde, Booker obtuvo un trabajo como mozo para la familia que era dueña de la mina. La Sra. Viola Ruffner era una jefa muy estricta, pero se convirtió en una amiga para Booker.
Limpia esa esquina llena de polvo y te puedes tomar una hora libre esta tarde para ir a la escuela.
Gracias señora.

A la edad de 16 años, Booker finalmente partió hacia el Instituto Hampton. Estaba como a unas 500 millas de distancia. Booker tenía muy poco dinero e hizo casi todo el recorrido a pie. Realizó varios trabajos a lo largo del camino para ganar dinero y poder comer. También pidió aventones.
Este es el comienzo de mi nueva vida.
HAMPTON INSTITUTE

CAPÍTULO 2

LA IMPORTANCIA DE LA EDUCACIÓN

El sueño de Booker de obtener una educación se estaba volviendo realidad. En Hampton, estudió matemáticas, ciencias y otras materias.
También aprendió que el trabajo físico era algo honorable.
Gracias por su ayuda Srta. Mackie. No esperaba que una dama como usted hiciera esta clase de trabajo.
La labor física no denigra a nadie, no importa qué tanta educación se tenga.
Booker ganaba dinero trabajando como conserje para asistir a la escuela.

A los 19 años, Booker se graduó de Hampton. Encontró un trabajo enseñando en Malden por unos años. Luego regresó al Instituto Hampton a enseñar.
Si queremos que los blancos nos traten con igualdad, debemos trabajar arduamente.
¿Y qué hay sobre una educación superior, tal como aprender latín o griego?
Nuestra gente ha sido esclavizada por generaciones. ¿De qué nos sirven el latín y el griego? Debemos aprender técnicas útiles.
Unos años más tarde, el General Samuel Armstrong, el director de Hampton, le ayudó a Booker a obtener un nuevo trabajo. Booker fue contratado para ser el director de una escuela para afroamericanos en Tuskegee, Alabama.
General, usted ha sido un gran amigo y mentor. Muchas gracias por esta oportunidad.
Tú has tenido mucho éxito aquí. Estoy seguro de que serás una inspiración para tus nuevos estudiantes.

En junio de 1881, Booker llegó a Tuskegee y se llevó una sorpresa.
¿No hay edificios para la escuela?
No tenemos ni tierra ni materiales.
Tenemos un poco de dinero, $2,000 para pagar a los maestros.
Tengo mucho trabajo por hacer.
Booker solicitó dinero y materiales a la gente del área. Un mes más tarde, pudo llevar a cabo su primera clase. Se presentaron treinta estudiantes en un pequeño recinto que había sido donado por la iglesia.
¡Bienvenidos! ¡Bienvenidos!
El primer día de clases está por comenzar.
Mientras más pronto obtenga mi educación, más pronto podré dejar de trabajar en las granjas.

Mucha gente en Tuskegee, tanto negros como blancos, apoyaban la escuela. Ayudaban a recaudar dinero mediante la donación de comida. Los platillos eran vendidos durante la hora de la comida.
Gracias por apoyar al Instituto Tuskegee.
Este pastel se ve delicioso.
Booker también convenció a la gente rica de ayudara a la escuela.
Muchos de nosotros tememos que los negros con educación no querrán hacer labores manuales.
La economía sufrirá.
Se los aseguro, nuestros graduados mejorarán la economía. Ellos abrirán nuevos negocios.
En ese caso, donaré dinero para ayudar a su escuela.

Tiempo después, Booker y su colega de enseñanza, Olivia Davidson, habían reunido suficiente dinero para comprar una finca vieja.
Limpiaremos el gallinero para utilizarlo como salón de clases. Podemos sembrar un cultivo allá.
Este lugar alguna vez fue trabajado por esclavos. Ahora será trabajado por personas libres.
¿Sembrar un cultivo?
¿Qué clase de escuela es esta?
Los estudiantes aprendían historia, ciencia y matemáticas. También aprendían otras habilidades útiles, tales como costura, carpintería, impresión y construcción con ladrillos.
Esto es realmente un trabajo duro Sr. Washington.
Sí, pero nuestro edificio será tan fuerte como cualquiera construido por profesionales.

Más edificios se levantaron. Se recibieron más donativos. Y más estudiantes asistieron a Tuskegee.
Sr. Washington, yo vine a obtener una educación, no a trabajar.
El trabajo es educación.
Pero, ¿por qué debemos arreglar carretillas, hacer ladrillos y sembrar?
El individuo que puede hacer algo que el mundo quiere que se realice, al final, logrará su objetivo sin importar la raza.

ITULO 3
GANAR INFLUENCIA
Booker recibió ayuda de su amigo el General Armstrong. Él presentó a Booker con un grupo de personas adineradas e importantes de la ciudad de Nueva York, Boston y otras ciudades del norte.
Booker te presento a Thomas W. Bicknell. Él es el presidente de la Asociación Nacional para la Educación.
Quizá pueda conseguir algo de dinero para su escuela.
A pesar de haberles sido otorgada su libertad, la mayoría de los afroamericanos era aún muy pobre. Además, las leyes que estaban siendo aprobadas evitaban que pudieran ejercer su derecho al voto. Otras leyes mantenían a los negros y a los blancos separados dentro de la sociedad.
TEATRO REX
PARA PERSONAS DE COLOR
SÓLO PARA BLANCOS

Algunos afroamericanos protestaban ante estas nuevas leyes.
¡TENEMOS DERECHOS!
¡JUSTICIA E IGUALDAD!
¡Alto a la violencia racial!
Queremos el derecho a votar.
¡Fin a la segregación!
Mientras tanto, los graduados del Instituto Tuskegee estaban abriendo negocios y les iba bien.
Buenos días Sr. Johnson.
Buenos días Sr. Wagner. ¿En qué le puedo ayudar?
Necesito 500 copias de este folleto.

En 1895, la ciudad de Atlanta, Georgia, fue la sede del evento Cotton States and International Exposition, mismo que demostraba el progreso logrado por el sur desde la Guerra Civil.
¡La exhibición de Tuskegee es la más popular de aquí!
Estoy sorprendida de ver lo bien que les va a los estudiantes.
Booker dio un discurso en la exposición. Habló acerca del estado de la raza afroamericana y de su futuro.
TATES
POSITION
Nuestro mayor peligro es que durante la importante transición de la esclavitud a la libertad, pasemos por alto el hecho de que muchos de nosotros debemos vivir de la producción de nuestras manos.
Ninguna raza puede prosperar hasta que aprenda que es igual de digno labrar un campo que escribir un poema.

Miles de sureños blancos estaban entre el público. Muchos de ellos habían luchado en la Guerra Civil para mantener a los afroamericanos en esclavitud. Booker tenía un mensaje para ellos.
En todas las cosas de índole social podemos estar tan separados como los dedos, sin embargo debemos ser como la mano, unidos en todas las cosas esenciales para obtener el progreso mutuo.
El discurso fue muy bien recibido por todos los asistentes.
El discurso de ese hombre es el inicio de una revolución moral en Norteamérica.

Al siguiente día, Booker iba caminando por las calles de Atlanta, y no tardó en darse cuenta que su discurso había tenido un gran impacto.
¡Gran discurso Booker!
Déjame estrecharte la mano.
Pero no todos tenían muy buena opinión de las palabras de Booker.
El Sr. Washington dijo que podemos estar tan separados como los dedos.
Él anhela tanto el apoyo de los blancos que pareciera como si estuviese a favor de la segregación.

Sin embargo, durante los siguientes años, Booker fue muy cotizado. Dio discursos y escribió artículos. Continuó obteniendo apoyo para la escuela en Tuskegee.
En 1898, Booker se reunió con el Presidente William McKinley. Éste le preguntó a Booker qué podía hacer él para ayudar a los afroamericanos. Booker le pidió al presidente que visitara Tuskegee.
Estoy muy impresionado con el trabajo que ha hecho aquí Booker.
Muchas gracias Sr. Presidente. Su visita les demuestra a los afroamericanos que usted se preocupa por su futuro.

CAPÍTULO 4
EL TEMA DE LA RAZA
Cuando Theodore Roosevelt se convirtió en presidente en 1901, invitó a Booker a cenar a la Casa Blanca.
Booker, ¿a quién recomendaría usted para el puesto en la corte de distrito en Alabama?
Cualquiera que respalde las leyes para un voto justo y apoye la educación para ambas razas.
Durante años, incluso las personas blancas racistas habían apoyado la forma en que Booker trataba de resolver "el problema de la raza". Pero muchos de sus partidarios blancos no estuvieron de acuerdo con su cena en la Casa Blanca con el presidente.
El hecho de que el presidente Roosevelt haya invitado a Booker T. Washington hará que matemos a mil afroamericanos en el sur para que aprendan otra vez cuál es su lugar.

Ya para esa época, Booker y el Instituto Tuskegee tenían mucho dinero e influencia.
Deberías de tomarte un descanso. Te estás desgastando mucho.
Tengo un compromiso con mi raza, John, y ahora con todo este dinero puedo hacer más.
Y en efecto, Booker hizo mucho más. Luchó por la igualdad de derechos para los afroamericanos, pero hizo su labor en secreto. Si los sureños blancos se enteraban de que era tan radical, no lo apoyarían. En un caso, contrató de manera secreta a un abogado para combatir una injusta ley sobre el voto.
Su señoría, el solicitar a los electores que demuestren que tuvieron a un abuelo que votó, es injusto para los negros.
La mayoría de sus abuelos eran esclavos y no podían votar.
¿Qué negro puede darse el lujo de pagar a un abogado que dispute la segregación ante la corte?
Nadie sabe con seguridad.

A principios de los años 1900, muchos de los que apoyaban a Booker se volvieron en su contra. Su plan de hacer a un lado la igualdad política y social hasta que los afroamericanos tuvieran poder económico, no estaba funcionando. Uno de sus críticos era W.E.B. Du Bois.
NIAGARA MOVEMENT
Mientras el Sr. Washington predique Prudencia, Paciencia y Capacitación Industrial para las masas, debemos apoyarlo.
Pero hasta el momento, ya que el Sr. Washington se disculpa por la injusticia... debemos oponernos a él incesantemente y con firmeza.
Du Bois formó el Movimiento Niágara para competir por influencia y dinero con el Instituto Tuskegee de Booker.
¡Queremos los mismos derechos que los blancos!
¡Fin a la segregación!

Para 1906, la relación entre los blancos y los negros en el sur se había vuelto muy tensa. El 22 de septiembre, un periódico de Atlanta acusó a un afroamericano de atacar a una mujer blanca.
¿Acaso los blancos van a tolerar esto de los negros?
¡Quemen las tiendas!
Atlanta sufrió un terrible motín racial que duró dos días. Mucha gente culpó del motín a Booker por su voluntad de comprometer los derechos de los afroamericanos.
Booker, ¿cómo podemos vivir con esto? Mi tienda está en ruinas.
Si permanecemos fuertes, nuestras luchas serán recompensadas.
Nos forjaremos una mejor vida.

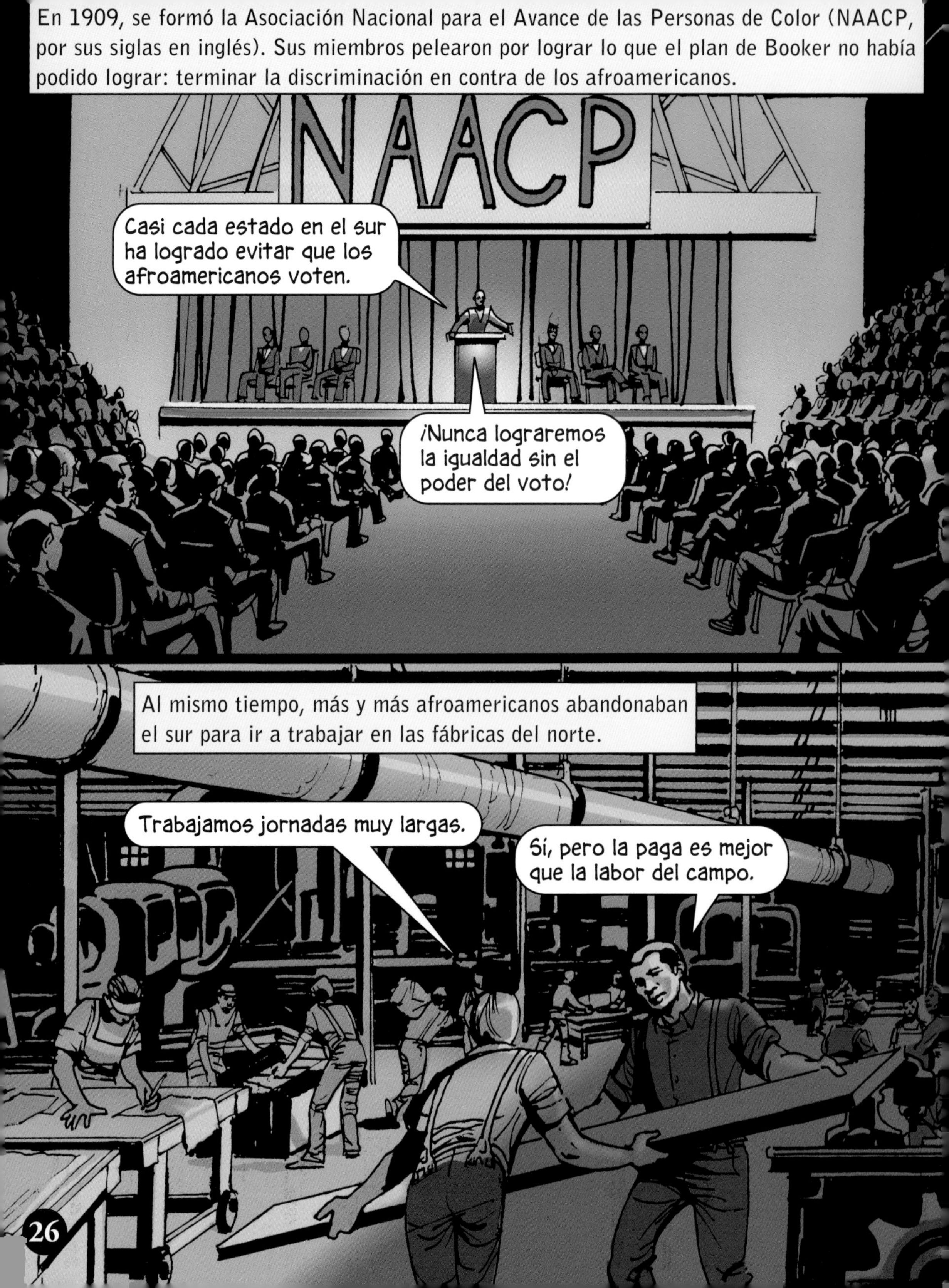
En 1909, se formó la Asociación Nacional para el Avance de las Personas de Color (NAACP, por sus siglas en inglés). Sus miembros pelearon por lograr lo que el plan de Booker no había podido lograr: terminar la discriminación en contra de los afroamericanos.
NAACP
Casi cada estado en el sur ha logrado evitar que los afroamericanos voten.
¡Nunca lograremos la igualdad sin el poder del voto!
Al mismo tiempo, más y más afroamericanos abandonaban el sur para ir a trabajar en las fábricas del norte.
Trabajamos jornadas muy largas.
Sí, pero la paga es mejor que la labor del campo.

Booker continuó trabajando arduamente para el Instituto Tuskegee, mismo que prosperó bajo su dirección. Aunque ningún blanco y pocos afroamericanos lo sabían, él continúo en secreto, su lucha por la igualdad de derechos.
Este cheque les ayudará a luchar en contra de las leyes injustas sobre el voto en Luisiana.
Los años que siguieron a la esclavitud fueron una época de violencia y racismo en los Estados Unidos. No obstante, durante ese periodo Booker T. Washington reunió millones de dólares, principalmente de parte de los blancos, para mejorar la vida de los afroamericanos.
Cuando Booker murió el 14 de noviembre de 1915, era época de cosecha en el Instituto Tuskegee. La gente vino de todas partes para verlo por última vez.
Aún con todos sus éxitos como orador y escritor, la prioridad del Sr. Washington siempre fue el Instituto Tuskegee.
Y sus compañeros afroamericanos.

MÁS SOBRE BOOKER T. WASHINGTON

- Booker nació el 5 de abril de 1856 en el Condado de Franklin, Virginia. Nació durante la esclavitud y su amo era James Burroughs.

- Cuando era un niño, Booker sólo sabía su nombre de pila. Después de que su madre se casara con Washington Ferguson, Booker adoptó Washington como su apellido. Años más tarde se enteró de que su apellido de nacimiento era Taliaferro. Él lo añadió como su segundo nombre.

- Theodore Roosevelt tomó el cargo de la presidencia el 1 de septiembre de 1901. Ese mismo día, le envió una carta a Booker pidiéndole que fuera a la Casa Blanca. Booker fue el primer afroamericano en cenar en la Casa Blanca.

- El hombre que Booker contrató para combatir la cláusula del abuelo en Alabama, fue el abogado neoyorquino Wilford H. Smith. Para mantener en secreto la participación de Booker en este caso, Smith le enviaba cartas a Booker firmadas con un nombre falso.

- Booker era copropietario del influyente periódico afroamericano *New York Age.*

- Booker estuvo casado tres veces a lo largo de su vida y tuvo tres hijos. Se casó con Fannie Norton Smith en 1882, que murió en 1884. Se casó al año siguiente con Olivia A. Davidson, quien falleció en 1889. Por último se casó con Margaret J. Murray en 1893. Su hija Portia Washington Pittman era de su matrimonio con Fannie. Sus hijos Booker Taliaferro Jr. y Ernest Davidson fueron de su matrimonio con Olivia.

- La autobiografía de Booker, *Up From Slavery,* fue publicada en 1901. Se convirtió en un libro de mayor venta y es aún un libro muy popular.

- Booker murió el 14 de noviembre de 1915. Fue sepultado en una colina con vista hacia el Instituto Tuskegee. Los estudiantes hicieron su tumba de ladrillos.

- El monumento nacional Booker T. Washington fue erguido en Virginia el 2 de abril de 1956.

GLOSARIO

la finca—una granja grande; antes de la Guerra Civil, los sureños utilizaban a los esclavos para trabajar en sus granjas.

el Ku Klux Klan—un grupo que promueve el odio hacia los afroamericanos, católicos, judíos, inmigrantes y otros grupos

la Reconstrucción—periodo después de la Guerra Civil en el que el gobierno de EE.UU. intentó reconstruir los estados del sur

la segregación—separar o apartar cosas o personas de otros grupos; algunas leyes de segregación evitaban que los afroamericanos utilizaran las mismas tomas de agua o entradas a los teatros que los blancos.

SITIOS DE INTERNET

FactHound proporciona una manera divertida y segura de encontrar sitios de Internet relacionados con este libro. Nuestro personal ha investigado todos los sitios de FactHound. Es posible que los sitios no estén en español.

Se hace así:

1. Visita *www.facthound.com*
2. Elige tu grado escolar.
3. Introduce este código especial **0736865993** para ver sitios apropiados según tu edad, o usa una palabra relacionada con este libro para hacer una búsqueda general.
4. Haz clic en el botón **Fetch It**.

¡FactHound buscará los mejores sitios para ti!

LEER MÁS

Collier, Christopher, and James Lincoln Collier. *Reconstruction and the Rise of Jim Crow, 1864–1896*. The Drama of American History. New York: Benchmark Books, 2000.

Frost, Helen. *Let's Meet Booker T. Washington.* Let's Meet Biographies. Philadelphia: Chelsea Clubhouse, 2004.

Isaacs, Sally Senzell. *Life on a Southern Plantation.* Picture the Past. Chicago: Heinemann Library, 2001.

Troy, Don. *W.E.B. Du Bois.* Journey to Freedom. Chanhassen, Minn.: Child's World, 1999.

BIBLIOGRAFÍA

Ayers, Edward L. *The Promise of the New South: Life after Reconstruction.* New York: Oxford University Press, 1992.

Du Bois, Shirley Graham. *Booker T. Washington, Educator of Hand, Head, and Heart.* New York: Messner, 1955.

Harlan, Louis R. *Booker T. Washington: The Making of a Black Leader 1856–1901*. New York: Oxford University Press, 1975.

Thornbrough, Emma Lou, editor. *Booker T. Washington.* Great Lives Observed. Englewood Cliffs, N.J.: Prentice-Hall, 1969.

Washington, Booker T. *Up from Slavery: An Autobiography.* The Townsend Library. West Berlin, N.J.: Townsend Press, 2004.

ÍNDICE